Mosconi Franco

Vivere è donarsi e testimoniare

Mosconi Franco

Vivere è donarsi e testimoniare

I potenti opprimono, Dio libera

Edizioni Sant'Antonio

Imprint

Cover image: www.ingimage.com

Publisher:
Edizioni Accademiche Italiane
is a trademark of
International Book Market Service Ltd., member of OmniScriptum Publishing Group
17 Meldrum Street, Beau Bassin 71504, Mauritius

Printed at: see last page
ISBN: 978-613-8-39139-5

Don Franco Mosconi

Ascesi e disciplina nel Vangelo di Marco

N.B. : Il testo risente del linguaggio parlato, essendo tratto direttamente dalla registrazione e non è stato rivisto dal relatore.

Stampato in proprio ad uso interno

Don Franco Mosconi

Come al solito, iniziamo con questo canto che ormai conoscete e con la preghiera:

O Dio e Padre buono,
noi siamo poveri.
La nostra unica ricchezza è la tua presenza,
è la tua parola, è la tua misericordia;
Tu sei la Parola che ci salva.
Rendici obbedienti al tuo Amore,
capaci di abbandonarci a Te senza riserve;
di credere che Tu sei l'unico Signore delle nostre vite,
l'unico nostro Salvatore.
Allora ti daremo lode senza mai stancarci.
In Gesù Cristo nostro Fratello per sempre.
Amen

Marco 8,27-38

27 Poi Gesù partì con i suoi discepoli verso i villaggi intorno a Cesarèa di Filippo; e
per via interrogava i suoi discepoli dicendo: «Chi dice la gente che io sia?». 28Ed essi
risposero: «Giovanni Battista, altri poi Elia e altri uno dei profeti». 29Ma egli replicò:
«E voi chi dite che io sia?». Pietro gli rispose: «Tu sei il Cristo». 30E impose loro
severamente di non parlare di lui a nessuno.
31E cominciò a insegnar loro che il Figlio dell'uomo doveva molto soffrire, ed essere
riprovato dagli anziani, dai sommi sacerdoti e dagli scribi, poi venire ucciso e, dopo
tre giorni, risuscitare. 32Gesù faceva questo discorso apertamente. Allora Pietro lo
prese in disparte, e si mise a rimproverarlo. 33Ma egli, voltatosi e guardando i
discepoli, rimproverò Pietro e gli disse: «Lungi da me, satana! Perché tu non pensi
secondo Dio, ma secondo gli uomini».
34Convocata la folla insieme ai suoi discepoli, disse loro: «Se qualcuno vuol venire
dietro di me rinneghi sé stesso, prenda la sua croce e mi segua. 35Perchè chi vorrà
salvare la propria vita, la perderà; ma chi perderà la propria vita per causa mia e del
vangelo, la salverà. 36Che giova infatti all'uomo guadagnare il mondo intero, se poi
perde la propria anima? 37E che cosa potrebbe mai dare un uomo in cambio della
propria anima?
38Chi si vergognerà di me e delle mia parole davanti a questa generazione adultera e
peccatrice, anche il Figlio dell'uomo si vergognerà di lui, quando verrà nella gloria
del Padre suo con gli angeli santi»

1) – **Il senso di "ascesi" e "disciplina" secondo Marco**

Ora cerchiamo di dare un sguardo un po' così a tutto il Vangelo di Marco, proprio a partire da quello che definirei poi il testo-chiave, che è quello che abbiamo letto adesso; è il testo-chiave attorno al quale gira anche questo binomio "ascesi-disciplina", due termini "ascesi" e "disciplina", che però vanno presi in un senso particolare, che è loro originario, che è diverso da quello corrente che magari per tanti anni ci ha accompagnato.

* L' <u>ascesi</u> indica il cammino di Gesù.
* La <u>disciplina</u> è l'atteggiamento di fondo del discepolo (disciplina:discepolo).

Che cos'è questa ascesi di Gesù?

Prendiamo questo termine "ascesi" nel suo significato letterale per indicare l'ascesa che Gesù compie dalla Galilea fino a Gerusalemme. Chi è stato in Israele, in Terra Santa (credo che tutti almeno una volta nella vita dovremmo andarci, anche i musulmani vanno alla Mecca, almeno a Gerusalemme….), quindi chi va in Terra Santa si rende conto che per andare dalla Galilea (diciamo Nazareth) alla Giudea, magari passando attraverso la Samaria, passando attraverso Gerico, si arriva a Gerusalemme e si va circa sui 1000 metri, potremmo dire anche di più perché se passate da Gerico lì siamo veramente sotto il livello del mare, parecchio, Gerusalemme è intorno agli 850, quindi più di 1000 metri.

Tutta la vita di Gesù viene svolta da Marco come un cammino intessuto narrativamente e teologicamente sulla trama di questa ascesa; l'ascesi è il cammino di Gesù in salita.

Quindi non si tratta dell'ascesi intesa come esercizio pratico di virtù morali, questa è un po' la definizione tradizionale di ascesi, ma di una ascesa, di un cammino

che coinvolge la totalità della persona di Gesù, il quale, operando con tutta la sua persona, sale verso la città di Dio, Gerusalemme, e là, questa salita, arriva fino alla Croce, viene materialmente innalzato fino al cielo,
poi ci sarà anche l'Ascensione. Quindi il cammino è un ascesi, molto diversa da quella che intendiamo noi tradizionalmente, è un'ascesa che lo porta fino al cielo, fino all'Ascensione.

Quindi l'ascesa di Gesù si consuma sull'alto della Croce, nell'atto di donare la vita e nel dischiudersi all'uomo il segreto di Dio. E si compie, questa ascesi, nel forte grido di Gesù morente: Gesù dando un forte grido, spirò [Mc 15,37]: il grido dell'impotente, dell'oppresso, che Dio non può non ascoltare. E a questo grido si rompe il velo del tempio, si squarcia l'oscurità del cielo che si era fatto buio, e finalmente sulla terra risplende per la prima volta in modo definitivo la luce, la luce stessa di Dio.

Un'ascesa che arriva a trafiggere perfino il cielo.

L'ascesi dell'uomo Gesù non ha come punto d'arrivo il dominio su sé stessi, (anche questo è importante: quando si parlava dell'ascesi in senso tradizionale, è tutto quell'insieme di pratiche per arrivare a un dominio della nostra persona), quindi l'ascesi dell'uomo Gesù non ha come punto di arrivo il dominio di sé, ma il raggiungimento di Dio stesso.

E' un'ascesa reale che porta l'uomo fuori da sé e lo innalza fino a Dio. Ed è importante notare come questa ascesa di Gesù non ci venga presentata da Marco -per usare un termine mitologico- in modo prometeico (da Prometeo), cioè Gesù non è l'uomo che dà la scalata al cielo per rapire la scintilla di Dio, no, questo fu il tentativo del primo Adamo, del vecchio Adamo che voleva innalzarsi fino a Dio e scoprì la propria impotenza, la propria miseria.

Gesù è il nuovo Adamo e, lungi dall'assomigliare a Prometeo, si identifica addirittura con la figura biblica del servo, del servo sofferente, del servo di Jahvè, che si abbassa, si assoggetta come schiavo di tutti.

Qui emerge già una prima lettura, possiamo cogliere subito una bellissima immagine: se tutta la vita di Gesù in Marco è nella sua essenza un cammino di "*ascensus*", lo è però in modo sorprendente proprio come "*descensus*" dell'uomo, fin nel più profondo dell'angoscia mortale; potremmo dire: mentre sale verso il cielo, discende nell'umanità. In alto gli si fa incontro la verità di Dio che lo eleva a sé.

Quindi mentre sale a Gerusalemme, discende nella miseria del servo.

Questo tipo di ascesi fu proprio di Gesù il Cristo. Pensate all'inno dei Filippesi [Fil 2, 5-12]: «Pur essendo di natura divina non considerò un tesoro geloso la sua uguaglianza con Dio, ma spogliò se stesso....». Lui è stato il primo uomo che l'ha compiuta questa ascesi, e l'ha aperta a tutti; Gesù si pone a capo di questa numerosa schiera di fratelli (pensate [Rom.8]: Gesù è il primogenito di molti fratelli), Lui è il primo, ma non vuole restare il solo e già fin dall'inizio del Vangelo di Marco [cap. 1,16-20] chiama dei discepoli che percorrano il suo stesso cammino, li chiama lì in riva al lago: Pietro, Giacomo, Giovanni, Andrea, ecc..

Ecco allora che all'ascesi di Gesù (che poi spiegheremo meglio e che è molto diversa dall'ascesi tradizionale) corrisponderà la disciplina del discepolo.

2) – <u>La disciplina è l'insegnamento di Gesù</u>

Adesso vediamo brevemente questa disciplina, poi entriamo nel cuore dell'ascesi.

Intanto per distinguere, prendiamo anche il termine "disciplina" nel suo significato originale strettamente imparentato col termine "discepolo". Cioè la disciplina è l'insegnamento di Gesù, è la sua Parola che in Marco è Gesù stesso in questo suo cammino di salita e di discesa nell'uomo.

Il testo che abbiamo davanti, [al v. 31]: «Incominciò a insegnar loro che il Figlio dell'uomo doveva molto soffrire, ed essere riprovato dagli anziani, dai sommi sacerdoti e dagli scribi, poi venire ucciso…».
La disciplina è l'insegnamento di Gesù, è la sua parola, è Gesù stesso in questo suo cammino di "*descensus*" che il discepolo è chiamato ad imparare: «Convocata la folla insieme ai suoi discepoli, disse loro: "Se qualcuno vuol venire dietro a me rinneghi sé stesso e prenda la sua croce"» [v. 34].

Quindi il discepolo è tale in quanto accoglie l'insegnamento, accoglie la disciplina di Gesù storico che lo chiama a compiere la sua stessa ascesa; questa disciplina viene resa da Marco con l'espressione concreta di "<u>andare dietro</u>" : «Se qualcuno vuol venire <u>dietro</u> a me», andare **dietro** vuol dire seguire Gesù. L'ascesa, il cammino di Gesù, diventerà lo stesso del discepolo, questo comune destino di morte e di vita.

Quindi la disciplina del discepolo non può essere scissa dalla ascesi di Gesù.

I due termini "ascesi" e "disciplina" si corrispondono:

- il primo si riferisce all'unico Maestro, nel suo cammino;
- il secondo indica l'essenza del discepolo, in quanto è chiamato a imparare a compiere il suo stesso cammino.

Quindi potete capire che hanno un valore molto diverso da quello tradizionale.

3) – L'ascesi o "ascesa" è il cammino di solidarietà di Gesù col Padre e con gli uomini

Una volta definito il senso che diamo a questi due termini "ascesi" e "disciplina", cerchiamo di capire meglio, concretamente, quale è stata questa ascesi di Gesù.

Al contrario di ogni ascesi che implica (in senso tradizionale) lo staccarsi, un liberarsi al di sopra della realtà quotidiana -anche il dominio di sé è pure importante-, però questa ascesi o ascesa di Gesù, si contraddistingue, trova la sua radice in una duplice solidarietà:

- la solidarietà con l'uomo comune e
- la solidarietà con il Padre comune.

Con queste due solidarietà voi capite meglio il senso di questo cammino di Gesù; quindi possiamo vedere questi due aspetti fondamentali della vita di Gesù, del suo cammino, di questa sua ascesi.

Innanzi tutto c'è questa **solidarietà con l'uomo comune.**

Se pensiamo ai tempi di Gesù, cerano diversi movimenti ascetici nel senso tradizionale della parola: una vita rigorosa, formavano anche delle sette chiuse in loro stesse, separate dal resto degli uomini. Pensiamo per esempio agli Esseni, quelli che vivevano lì a Qumran, erano una specie di monaci che vivevano in luoghi appartati nel deserto, intenti a una vita ascetica che li doveva preparare al combattimento finale tra i figli della luce e i figli delle tenebre. Ci sono molti scritti degli Esseni, lì a Qumran, che parlano di questo tipo di vita.

Anche i discepoli del Battista, dalle cui fila usciranno vari discepoli di Gesù, anche loro conducevano una vita austera, in attesa del giudizio di Dio che sembrava imminente.

Pensiamo anche alla setta dei farisei, gli zelanti, che facevano dell'osservanza della legge la loro salvezza e ci tenevano anche a distinguersi dal resto del popolino che ritenevano ignorante, incapace di conoscere la legge, il popolino rozzo che non sa, che non conosce, che non osserva la legge di Dio.

L'ascesi di Gesù, invece, non lo porta a queste separazioni, anzi, se notate bene, quando Gesù entra nella storia cerca di ricucire tutte le discriminazioni che ha trovato, pensate tra gli adulti e i bambini, l'uomo e la donna, i giusti e i peccatori, circoncisi e incirconcisi, samaritani ed ebrei. Gesù cerca di andare incontro, cerca di recuperare, ritessere questa maglia così sdrucita; l'ascesi di Gesù non lo porta a separarsi dall'uomo comune. E, di fatti, gli israeliti quanti rimproveri si prendono, specialmente...pensate al sabato, non è che Lui fosse contrario, ma dico, il sabato: prima c'è la persona, l'uomo non è una merce neanche per la religione. Lo rimproverano di non osservare il digiuno che i discepoli del Battista e i farisei invece osservano [Mc 2,18], ma Lui spiegherà cosa vuol dire. Lo si rimprovera di non essere molto rispettoso delle tradizioni degli anziani: «Perché i tuoi discepoli non si lavano le mani?»...ecc..

Quindi pensate a tutta questa realtà nella quale cala questa persona, quest'uomo. Per quanto riguarda il digiuno dichiara che quel tipo di digiuno non ha più senso perché sono ormai in tempo di nozze, non si digiuna, ed è un digiuno in attesa della venuta del Messia: il Messia è ormai arrivato, con lui si compiono le nozze tra Jahvè e il suo popolo, in lui si celebra personalmente lo sposalizio tra l'umanità e la divinità. Cioè con la sua venuta è iniziato il tempo messianico, raffigurato nell'immagine gioiosa di un banchetto con Dio, al quale tutti gli uomini sono chiamati formando un'unica famiglia.

l digiuno che lui ha scelto e che i suoi discepoli dovranno, potranno praticare è di ben altro tipo, sarà quello di bere il calice di passione, al quale lo porterà questa sua solidarietà con i fratelli: «Potete bere il calice che io bevo e ricevere il battesimo che io sto per ricevere?». E questo digiuno emerge subito in quel discorso che diverse volte abbiamo fatto anche qui: il suo battesimo, quando lui si mette in fila con tutti i peccatori, questo battesimo che è un digiuno di solidarietà che lo fa mettere in fila con tutti i peccatori. Chi glielo fa fare? Perfino il Battista si scandalizza! Era un battesimo di conversione: se c'era uno che non aveva bisogno di conversione era lui, eppure c'è questa solidarietà con l'uomo comune, con i peccatori.

E' un digiuno di solidarietà che gli farà sperimentare anche il deserto. Perché il suo popolo è passato nel deserto, anche lui passerà nel deserto, ripercorre questo cammino di lotta e di prova che tutto il suo popolo aveva provato per arrivare alla vera libertà. Quindi gli farà sperimentare anche la convivialità propria con gli esclusi per i quali è la promessa di Dio, quando si mette a mangiare con i pubblicani e i peccatori: «Ecco il vostro Maestro!». Verrà bollato da «mangione e beone, amico dei pubblicani e dei peccatori», addirittura «un bestemmiatore», sotto la Croce gli diranno: «Ha bestemmiato».

Quindi la sua ascesa, attraverso questo primo aspetto, è un'ascesa fatta di solidarietà con l'uomo comune, questa ascesa ha un intento ben preciso, diverso da ogni pratica religiosa, potremmo dire dell'ascesi in senso tradizionale. Questa ascesi di Gesù vuole mostrare la fedeltà, l'amore di Dio che si fa carico di ogni persona, di ogni uomo, di ogni donna, senza discriminazione, è un'ascesi che vuol mostrare questa fedeltà, questo amore di Dio verso tutti gli uomini come fratelli. Gesù incarna, impersona questa fedeltà di Dio. Gesù è questo amore di Dio che va incontro all'uomo, lo libera attraverso il miracolo dell'amore fraterno.

Questo è il senso della prima solidarietà.

Potremmo anche dire così: che Gesù di per sé non è che si sia imposto delle ascesi nel senso tradizionale, che ha fatto dei fioretti in senso tradizionale o piccole penitenze, ma:

- E' questa sua lotta in favore dell'uomo con il quale è solidale, che lo costringe in situazioni, fra virgolette, "ascetiche".
- E' questo suo cammino in favore dell'uomo -in obbedienza al Padre (vedremo)-, che lo porta in situazioni difficili che potremmo dire, secondo il nostro linguaggio, "ascetiche".
- E' questa sua vita minacciata: già dal [cap. 3, al v. 6] cosa leggiamo? Che si coalizzano tra di loro per farlo fuori gli erodiani e i farisei. Quindi la sua vita è minacciata, è precaria, itinerante, qualche volta clandestina, insidiata: questa la potremmo chiamare anche "ascesi" nel nostro significato.

E Marco nella sua prima parte del Vangelo ci presenta Gesù che esce, esce sempre, cammina verso una meta imprecisa, misteriosa, verso la quale lo spinge l'amore per l'uomo. C'è in lui una specie di brama insaziabile di libertà, di liberazione, che non si riesce bene a capire fin dove lo porterà, fin dove arriverà, fin dove lo farà approdare. Certo non lo porta al successo, ciò che Gesù evita fin dal principio con molta cura.

Lo vediamo fin dal primo capitolo di Marco, quando quella famosa giornata a Cafarnao: dopo che ha predicato, ha guarito, va a pregare, di notte, al mattino presto, va a pregare, e Pietro va a cercarlo «Tutti ti cercano»....tutti ti cercano. Non cercherà alcun potere sugli altri che vuol solo liberare da ogni potere, compreso quello religioso, ricordate appunto «Il sabato è fatto per l'uomo, non l'uomo per il sabato». Prima c'è la persona, poi viene il rito; se il rito non è rispettoso della persona umana: prima c'è la persona. Quindi Lui vuol liberarci da qualsiasi tipo di potere.

Quindi questo cammino si presenta estremamente incerto, anche nel suo risultato, anche se certamente chiaro in questa ispirazione. Gesù annuncia e vive in prima persona il Regno di Dio come riconciliazione. Infatti il capitolo secondo, se ricordate, quando guarisce il paralitico: «....perché sappiate che il Figlio dell'uomo ha il potere di rimettere i piccati», e anche da questo punto di vista verrà bollato ancora da bestemmiatore: «chi è costui che richiama a sé questo diritto?» e Lui dice al paralitico: "*alzati! Per me è molto più importante liberare interiormente questa persona dal peccato che farlo camminare*".

Quindi annuncia e vive il Regno come riconciliazione, come integrazione di tutti. Se fosse presente in questo momento, nella nostra storia: «non sono i sani che hanno bisogno del medico ma i malati». Quanta gente noi chiamiamo ancora clandestini, ecc.. Una familiarità col Padre che rompe tutti gli schemi. Ma in vista di ricucire il rapporto di fraternità con tutte le persone, come arriverà all'esito finale?

Questo esito appare fin d'ora pregiudicato dal modo col quale Gesù vuol conseguirlo, cioè non si da nessuno strumento organico di potere, anzi viene subito bandito sia dal potere religioso che da quello civile, che appunto entrano in combutta per toglierlo di mezzo. [Al cap. 3 v.6]: «I farisei e gli erodiani tennero consiglio contro di lui per farlo morire».

Così proprio all'inizio della sua attività è costretto a battere in ritirata e, dopo questo versetto per farlo morire, al [v.7], sempre del [cap. 3], c'è quella parola, quel verbo "*anacoresen*" (anacoresi) che darà luogo anche alla parola "anacoreta": indica un ritiro in qualche modo dal consorzio umano. E da allora Gesù sarà costretto a passare continuamente da una riva all'altra del lago, fino al capitolo 6 quando torna a Nazareth e lì sarà rifiutato anche dai suoi, vogliono buttarlo giù dal precipizio, e andrà a finire, potremmo dire all'estero: c'è il famoso racconto della siro-fenicia, questa donna che Gesù dirà: «una fede così grande che si è accontentata delle briciole». Andrà all'estero, una fuga che sembra lo porti sempre più lontano dal punto di arrivo di questa sua ascesa che è necessariamente Gerusalemme.

Dopo questa lunga esperienza di successi e insuccessi, rimanendo fedele alla sua linea, solo a Cesarea (torniamo al nostro testo che abbiamo letto all'inizio) qui provocherà la confessione di fede dei suoi amici «E voi chi dite che io sia?», solo da quel momento diventano veramente i suoi discepoli, perché qui incomincia a dire loro chiaramente la Parola «Gesù faceva questo discorso (dice Marco) apertamente».

Può essere degno di nota il fatto che Gesù venga riconosciuto come il Messia proprio a Cesarea che è il luogo più lontano da Gerusalemme che Gesù abbia raggiunto in questa sua fuga: è il luogo più lontano. E a Gerusalemme sarà riconosciuto Figlio di Dio proprio da un centurione pagano che, in quanto tale, comandante del plotone di esecuzione, era certamente l'uomo più lontano. Quindi questa affermazione della sua messianicità avviene a Cesarea che è il posto più lontano, e sarà di nuovo confermata questa sua messianicità da un lontano.

Questa vita di Gesù che è, dicevamo, ascesi di solidarietà, di vicinanza, è marcata anche da questa straziante lontananza. D'altra parte Gesù era venuto proprio per gli ultimi, per i lontani, e questa sua solidarietà lo porta alla stessa emarginazione totale in tutti i sensi. Sulla croce sarà in mezzo a due malfattori.

Quindi l'ascesi o ascesa di Gesù è connotata da questi due elementi:

- questa <u>solidarietà con l'uomo comune</u>
- e la <u>solidarietà con il Padre comune</u>. Qui possiamo toccare brevemente anche questo.

4) – **Solidarietà e straziante lontananza**

Quindi il disegno di Dio al quale Gesù aderisce, col quale è totalmente solidale, è la manifestazione del volto del Padre -in fondo nessuno di noi a visto Dio- però Giovanni quante volte lo ripeterà: «Chi vede me vede il Padre». Ecco perché non dobbiamo aver paura di questo Padre se è vero che si manifesta in questo atteggiamento di Gesù, in questo modo di fare di Gesù; tutto quello che Lui fa è perché vuol essere solidale al Padre, e anche il suo stile di vita è la manifestazione del Padre comune che vuol portare tutti gli uomini ad essere fratelli.

Questo disegno verrà rivelato e formulato in tutta la sua chiarezza solo qui al [cap. 8, v.31]: «E incominciò a insegnar loro che il Figlio dell'uomo doveva molto soffrire». E qui Gesù prevede la sua uccisione violenta come conseguenza della sua fedeltà al Padre che pure gli sarà fedele, non abbandona il figlio.

In questo punto del Vangelo si scopre con tutta chiarezza quel pensiero di Dio che è la fonte della sua vita, della sua attività; questo pensiero di Dio si esprime come una necessità:

«E incominciò a insegnar loro che il Figlio dell'uomo **doveva** molto soffrire», questo pensiero si esprime come una **necessità di compiere questo cammino di liberazione,** proprio nella figura del servo sofferente che porta su di sé il male del mondo e se ne fa carico fino alla morte.

Questo testo del "servo sofferente", durante la settimana santa ci sono i quattro canti del servo: il primo lo leggiamo il lunedì santo, il secondo il martedì, il terzo il mercoledì e il quarto è la prima lettura del venerdì santo quando c'è la Liturgia della Croce, perché è strettamente legato alla Passione secondo Giovanni che leggiamo il venerdì santo; ma Lui vivrà proprio il suo cammino quasi, quasi, come realizzazione di questa figura del servo sofferente: «per le sue piaghe siamo stati guariti».

E da questo momento, da Cesarea, il cammino di Gesù inverte rotta.

C'è stata una maturazione lenta, una decisione dolorosa, ora Gesù punta con determinazione verso Gerusalemme, la città di Dio, dove, nella sua uccisione violenta, si svelerà il destino di amore al quale l'uomo è chiamato. E nel Figlio morente si manifesterà all'uomo il vero volto del Padre.

La caratteristica di questo cammino inverso, da Cesarea a Gerusalemme, rimane un po' la stessa che abbiano visto nella prima parte, di questo suo allontanarsi da Gerusalemme: questa emarginazione che consegue alla fedeltà, alla solidarietà con l'uomo e con il Padre.

A Gerusalemme farà un ingresso messianico umile, a cavallo di un asino, sperimenterà altre cinque dispute e alla fine il rifiuto definitivo dei capi del popolo. Il capitolo 13 che contiene il discorso escatologico, prefigura chiaramente la fine di Gesù nella sua portata cosmica, universale.

E poi, nel resto del Vangelo, non si parlerà che di complotti, tradimenti, processi, rinnegamenti, che lo isolano sempre più e lo condurranno ad essere ucciso fuori le mura, anche questa volta con due ladroni, nel destino che gli uomini infliggono ai malfattori.

Solo allora colui che fu proclamato Cristo lontano da Gerusalemme (a Cesarea), sarà riconosciuto Figlio di Dio da un lontano (un centurione pagano) in Gerusalemme.

E' in questa lontananza dovuta alla fedeltà ai fratelli e al Padre, che consiste l'ascesi di Gesù.

Che è molto diversa dai nostri fioretti, dalle nostre pie pratiche, dalle nostre penitenze. Possono essere utili anche queste, diciamo, per acquisire un certo dominio su noi stessi, specialmente nel periodo di Quaresima, una certa sobrietà di vita può aiutare a capire meglio tutte queste cose, a pregare meglio, a meditare meglio la parola del Signore.

Una lontananza che lo condurrà proprio alla uccisione, che è la lontananza violenta da sé, sulla quale però si apre l'amore di Dio fedele verso il Giusto sofferente. Questa ascesi come lontananza da sé, che lo porta fino a Gerusalemme, fino a Dio stesso, è sempre presente nel Vangelo di Marco come esodo, cammino, peregrinazione, emarginazione, trova il suo punto culminante nell'ascesa sulla Croce, nell'abbandono della vita che Gesù compie.

A questo abbandono **da** e **di** sé Gesù fu condotto dalla solidarietà con l'uomo nel quale vede il fratello, sul cui volto traluce anche l'amore del Padre.

Quindi si può concludere questa parte dicendo che questa ascesi di Gesù è contrassegnata dalla solidarietà fino in fondo con l'uomo, una solidarietà che compie il prodigio di una ascesa dell'uomo fino a Dio. Nell'amore fraterno, infatti, si è rivelato pienamente a tutti e per sempre il volto del Padre comune, con il quale Gesù è tanto solidale da essere Lui stesso questo volto.

«Chi vede me, vede il Padre» dirà Giovanni.

Per questo il cammino dell'uomo-Gesù termina con la proclamazione:

«Veramente costui era Figlio di Dio!».

Questa ascesi ha quindi portato Gesù ad una continua emarginazione fino agli inferi, fino alla discesa agli inferi, ma proprio lì gli viene incontro l'amore del Padre nel quale ha creduto, gli viene incontro la fedeltà del Dio fedele che ascolta il grido del povero, che lo riscatta dalla tomba, riscatta colui che ha dato la vita per i fratelli. Questa è l'ascesi caratterizzata proprio da questa duplice solidarietà con l'uomo e con il Padre.

5) – A Cesarea inverte la rotta

Ma adesso trattiamo brevemente anche l'altro aspetto: la disciplina del discepolo.

Una volta che abbiamo capito qual è il cammino di Gesù, cosa vuol dire *andargli dietro?* La disciplina è l'insegnamento che i discepoli devono imparare a praticare. Questa disciplina è Gesù stesso nella sua ascesi, così come abbiamo cercato brevemente di delineare.

Bisognerebbe leggere un po' tutto il Vangelo di Marco per rendercene conto.

Quindi **la disciplina del discepolo si esprime concretamente nella sequela di Gesù.**

Anche nel mondo giudaico, la sequela era tipica del discepolo che stava con il suo Maestro, andandogli sempre dietro di qualche passo come segno di rispetto. Tra maestro e discepolo si instaurava un rapporto di familiarità che durava per tutto il tempo in cui il discepolo restava discepolo; questi dopo aver imparato ciò che il maestro doveva insegnargli (secondo lo stile ebraico), diventava a sua volta Maestro. Tutti, maestri compresi, erano discepoli della Parola di Dio, della Torà. In verità si seguiva soltanto Dio e il maestro aveva la funzione di introdurre alla Sua conoscenza mediante le Scritture.

Ma qui con Gesù c'è una svolta, con l'uomo-Gesù il rapporto di discepolato resta permanente. Da tutto il Vangelo risulta chiaro che bisogna seguire Gesù. Lui, soltanto Lui è il Figlio di Dio. Lui è l'unico Maestro e tutti restano sempre suoi discepoli, è Lui stesso la Parola di Dio. Per questo Gesù ci viene continuamente presentato come il Maestro che insegna, e Lui stesso è l'oggetto del suo insegnamento.

La fede del cristiano trova la sua origine, raggiunge il suo compimento nella sequela dell'uomo-Gesù che è la nuova legge, che è la stessa Parola di Dio che si è fatta carne.

<u>Lui stesso diventa la vita del discepolo</u>. Quando leggiamo in Paolo: «La mia vita è Cristo» [Fil. 2]

Come la nube e la colonna di fuoco erano la presenza di Dio che precedeva, che guidava nel deserto, Gesù precede, Gesù va avanti in questo nuovo esodo del Vangelo verso la creatura nuova.

E' Lui stesso il Dio presente tra gli uomini, per questo i discepoli fin dalle prime battute sono chiamati ad **andargli dietro**. Nel primo capitolo di Marco, quando Gesù chiama i primi discepoli che stavano pescando, li chiamò dietro di Lui e **in questo andargli dietro si concretizza, prende corpo la risposta al Suo appello: "Credete al Vangelo".**

Nel primo capitolo di Marco c'è questo proclama: «Il tempo è compiuto, convertitevi e credete al Vangelo» e, subito dopo, c'è la chiamata dei primi quattro. Questo invito alla sequela che Gesù rivolge ai suoi discepoli fin dall'inizio, si specifica nelle sue esigenze proprio nella seconda parte del Vangelo, quando Gesù incomincia a manifestare apertamente la trama del suo cammino di ascesi (è il capitolo 8 che abbiamo letto all'inizio).

Pietro è il prototipo del discepolo, e Pietro intravede la durezza di questo cammino e si ribella alla disciplina, è indisciplinato, si ribella alla disciplina di Gesù. Pietro vuol metterglisi davanti, vuol fargli lui da maestro, ma Gesù lo ricaccia indietro, bollandolo col nome di satana «Gesù faceva questo discorso apertamente. Allora Pietro lo prese in disparte, e si mise a rimproverarlo». Pietro vuol fargli da maestro, rimprovera Gesù, «Ma egli, voltatosi e guardando i discepoli, rimproverò

Pietro e gli disse: "Lontano da me, satana! Perché tu non pensi secondo Dio, ma secondo gli uomini"».

E credo che la nostra conversione sarà sempre qui: imparare a pensare secondo Dio. D'altra parte perché Pietro è chiamato satana? Perché faceva lo stesso discorso che satana ha fatto nel deserto. Anche satana proponeva un messianismo trionfante, non un messianismo da sconfitto. Anche la stessa affermazione di Pietro, che di per sé è vera: «Tu sei il Cristo», però era il Cristo che aveva in mente lui, non il Cristo sconfitto, il Cristo un Messia crocifisso.

E infatti Gesù dirà di non dire niente a nessuno: «E impose loro severamente [v. 30] di non parlare di lui a nessuno» perché c'era fraintendimento; a quei tempi avevano bisogno anche di un Messia guerriero per liberarsi dai dominatori romani, ma Gesù aveva in mente un altro tipo di Messia.

Ecco che Pietro fa fatica a capire e: "*....mah, cosa stai dicendo?*" Dice al Maestro.

E Gesù lo ricaccia indietro: "Lontano da me, satana! Perché tu non pensi secondo Dio, ma secondo gli uomini". Che è una delle frasi che dovrebbe entrarci dentro: "*fino a che punto in questo momento sto pensando secondo la Parola di Dio, o secondo la mia parola?*"

Questo scontro col Maestro che ricaccia il discepolo dietro di Lui e lo pone alla sua sequela, è il momento decisivo della disciplina del discepolo che:

* deve imparare a stargli sempre dietro, senza mai anteporre il pensiero dell'uomo al pensiero di Dio che si manifesta solo in Gesù e nella sua Parola

* deve imparare con disciplina ferrea che, se vuole andare dietro all'unico Maestro, deve anche lui prendere la sua croce e seguirlo

«Convocata la folla insieme ai suoi discepoli, disse loro: "Se qualcuno vuol venire dietro di me rinneghi sé stesso, prenda la sua croce e mi segua. Perché (solo chi perde la sua vita per Lui la salva) chi vorrà salvare la propria vita, la perderà; ma chi perderà la propria vita per causa mia e del vangelo, la salverà».

Che poi non è questione di rinnegare le qualità, i doni che Dio ci ha dato, assolutamente no! E' metterli a servizio di questa duplice solidarietà con l'uomo e con il Padre.

Cioè Gesù qui si manifesta chiaramente come il Signore del discepolo, qui Lui diventa la ragione della sua vita, perché è il Signore di ogni vita. E, probabilmente, saremo anche giudicati in base a questa sequela di Gesù e della sua Parola. Infatti [al v. 38]: «Chi si vergognerà di me e delle mie parole davanti a questa generazione adultera e peccatrice, anche il Figlio dell'uomo si vergognerà di lui».

Lui è il punto decisivo, Lui la svolta della storia nel rapporto tra Dio e l'umanità.

Seguire Lui comporta anche esigenze radicali, pensate al capitolo 9 di Marco [vv. 43-50]: «Se la tua mano ti scandalizza, tagliala; se il tuo piede ti scandalizza, taglialo». Non è che bisogna mutilarsi, vuol dire soltanto che la fede è una cosa così importante che bisogna fare di tutto per custodirla, per alimentarla, per mantenerla, per approfondirla.

E qui ritornerebbe il solito discorso: uno diventa la Parola che ascolta, uno diventa la Parola che assimila. Il bisogno di una lectio quotidiana, perché? Per custodire questo dono che è la fede. La fede è un dono ma va anche custodito altrimenti diventa superficiale e impariamo ancora a pensare secondo l'uomo e non secondo Dio.

Che poi seguirlo non è un consiglio, un affare facoltativo; al giovane ricco che gli chiede cosa deve fare per ottenere la vita, Gesù risponde che se anche ha osservato la legge, gli manca ancora una cosa, senza la quale non entra nella vita: «Và vendi quello che hai (cioè liberati da tutti i condizionamenti) poi, vieni e seguimi».

Anche nel Vangelo di ieri quello scriba che dice: "*...l'amore di Dio e l'amore per i fratelli*" *ecc.*, Gesù gli dice: «Non sei lontano dal Regno»...non sei lontano, ti stai avvicinando, forse non hai ancora capito che in Gesù si incarna il Regno. Cioè anche lui a quel punto lì deve imparare a seguire Gesù che è la pienezza della Torà, la pienezza della legge. Quindi senza questa disciplina che pone l'uomo alla sequela di Gesù, a nulla giova nemmeno l'osservanza della Torà.

Paolo quando dice di essere osservante, circonciso, ecc., aggiunge «Tutto questo è spazzatura» di fronte alla conoscenza di Gesù (quando pensate a Damasco...lui era orgoglioso della sua fede, perfino persecutore della Chiesa).

Dicevamo dello scriba che domanda qual è il comandamento più grande...«Non sei lontano dal Regno», ma non è ancora giunto, fino a quando non avrà imparato che il Regno è Gesù stesso.

Questo amore umano di Dio, questa perla preziosa, questo tesoro nascosto, per possedere il quale con gioia il discepolo rinuncia a tutto quello che possiede.

<u>Quindi la disciplina del discepolo consiste anzitutto nell'imparare questa suprema conoscenza di Cristo Gesù</u>.

Una volta che il discepolo è stato colto da questo mistero («Tu sei il Cristo» è la risposta di Pietro), ci saranno ancora reazioni violente, lo vediamo da questo rimprovero che si becca Pietro; oppure dopo la seconda predizione hanno paura, non chiedono spiegazioni; oppure (al capitolo 10 di Marco) gli chiedono: "*noi vogliamo che tu ci faccia questo e questo, uno alla destra e uno alla sinistra*". Tuttavia il destino del discepolo resterà indissolubilmente legato a quello del suo Maestro che «solo ha parole di vita esterna», e mostra il cammino della vita per giungere alla pienezza della gioia alla destra del Padre.

L'insegnamento che il discepolo deve cogliere e accogliere, la disciplina che lo condurrà alla stessa ascesa del suo Maestro, verrà poi sintetizzata in un detto di Gesù che conclude una lunga, decisiva istruzione che Lui darà ai discepoli dopo la terza predizione del suo destino, siamo al capitolo 10,43-45 di Marco: «Chi vuol essere grande tra voi si farà vostro servitore, e chi vuol essere il primo tra voi sarà il servo di tutti (e la radice di ciò sta nel fatto che…) Il Figlio dell'uomo infatti non è venuto per essere servito, ma per servire e dare la sua vita per tutti».

Credo che questo è un versetto che dovremmo veramente imparare a memoria: «Chi vuol essere grande tra voi si farà vostro servitore, e chi vuol essere il primo tra voi sarà il servo di tutti».
Notate: servo di tutti, non di chi mi è simpatico e basta, non di chi servo volentieri; è l'altro che diventa il motivo del mio servizio, chiunque esso sia.

Credo che questa sia la espressione più grande, questa è veramente l'autodefinizione di Gesù. Quando Gesù deve definire se stesso, dice questo. E' il senso globale della sua ascesi, questo cammino di solidarietà con i fratelli in obbedienza alla volontà del Padre, che in Lui mostra tutta la sua fedeltà all'uomo: essere servo di tutti, proprio come il Figlio dell'uomo.

E' quanto il discepolo è chiamato a comprendere, è quanto il discepolo è chiamato a vivere. Chi impara questo riceverà il suo stesso battesimo di morte, berrà il suo stesso calice di amarezza, ma avrà parte anche alla sua gloria.

Quindi anche l'ascesi del discepolo è la stessa di Gesù, il Cristo, il Maestro.

Solo una **disciplina continua**, lunga tutta la vita, che lo pone dietro (non come Pietro), **dietro al Maestro**, gli farà percorrere il suo stesso cammino che dalla morte porta alla rivelazione della gloria del Dio dei vivi, al di là di ogni morte.

Quindi la disciplina del discepolo sarà sostanzialmente contemplazione e sequela di Gesù: la Parola che ogni giorno deve orientare i nostri passi.

6) - Conclusione

Per concludere, abbiamo visto come questo binomio "ascesi-disciplina" ha nel Vangelo, in modo particolare in quello di Marco, un valore fondamentalmente cristologico.

- L'ascesi, ci presenta Gesù stesso, il Cristo che diventa il glorioso Figlio dell'uomo, proprio perché accetta di essere l'umile servo di Jahvè.
  Teniamo presente questa immagine: più sale, più discende nell'umanità, si fa servo di tutti; è il glorioso Figlio dell'uomo proprio perché accetta di essere l'umile servo di Jahvè, cioè mentre sale scende nel più profondo dell'uomo.

- La disciplina indica l'essenza del discepolo che contempla e segue il suo Maestro standogli dietro.

Capite che: avessimo avuto sempre in mano le Scritture! Avessimo riempito di più queste due parole "ascesi-disciplina" di sostanza biblica, cristologica, invece del loro tono ancora molto moralistico! Forse avremmo impostato diversamente anche la nostra vita.

Il fondamento, la motivazione di ogni ascesi sta in quell'autodefinizione di Gesù (che non smetto di ripetere):

«Il Figlio dell'uomo non è venuto per essere servito ma per servire e dare la sua vita per tutti"

Una ascesi o "ascesa" tutta incentrata sulla solidarietà con i fratelli, al cui servizio ci si pone facendo dono della propria vita. Ma, facendo dono della propria vita, raggiungiamo la Vita (con la V maiuscola), raggiungiamo Colui che per primo l'ha effusa, e si scopre la fedeltà e l'amore del Padre il cui volto ci è stato svelato nel Figlio dell'uomo Crocifisso e Risorto per noi.

Chiudiamo ancora con una preghiera:

O Padre,
ti ringraziamo di questo giorno:
continua a mandare il tuo Spirito,
perché renda la nostra vita più simile a quella del tuo Figlio,
ci aiuti a rispondere con generosità alla tua chiamata,
ci costruisca testimoni del Vangelo, sale della terra, luce del mondo.
Aiutaci, o Padre, a riconoscerti come l'unico Dio e Signore,
a vivere di ascolto della tua Parola,
di abbandono gioioso alla tua volontà.
Aiutaci ancora a non fingere la nostra coerenza.
Te lo chiediamo per Gesù Cristo, tuo Figlio e nostro unico Signore.
Amen

Preghiamo:

O Dio Onnipotente ed Eterno,
che hai dato come modello agli uomini
Cristo tuo Figlio nostro Salvatore,
fatto uomo e umiliato fino alla morte di croce,
fa che abbiamo sempre presente
l'insegnamento della sua Passione
per partecipare alla gloria della Resurrezione.
Per Cristo nostro Signore.
Amen

Come dai testi (li leggeremo gradualmente, non è che adesso leggiamo tutti questi testi), cerchiamo di vedere, così, un po' la Passione, come Luca ce la presenta, dato che è l'evangelista dell'anno.

Qui dal racconto della Passione proviamo a meditare alcuni elementi, cercando di ritrovare la nostra fisionomia nei personaggi che incontrano Gesù e vengono come svelati a sé stessi, vengono manifestati in quegli atteggiamenti di superbia, anche di orgoglio, di presunzione, che stanno sempre dentro al loro cuore, ma che stanno anche dentro nel nostro cuore.

Ci confrontiamo per fare un esame di coscienza anche per noi, ma questo non perché vogliamo avvilirci, ma piuttosto con la speranza di poter affidare al Signore, al suo perdono, alla sua grazia, quella purificazione del cuore della quale abbiamo tutti bisogno.

Partiamo da questo capitolo 22, i primi versetti:

Passione secondo Luca

Luca 22

[1] Si avvicinava la festa degli Azzimi, chiamata Pasqua,

[2] e i sommi sacerdoti e gli scribi cercavano come toglierlo di mezzo, poiché temevano il popolo.

[3] Allora satana entrò in Giuda, detto Iscariota, che era nel numero dei Dodici.

[4] Ed egli andò a discutere con i sommi sacerdoti e i capi delle guardie sul modo di consegnarlo nelle loro mani.

[5] Essi si rallegrarono e si accordarono di dargli del denaro.

[6] Egli fu d'accordo e cercava l'occasione propizia per consegnarlo loro di nascosto dalla folla.

Quindi il primo personaggio che ci viene incontro è Giuda e qui ci scontriamo con il mistero del suo tradimento, il mistero del tradimento dell'uomo. Ci possiamo chiedere perché Giuda ha tradito, e dal punto di vista psicologico il Vangelo non risponde, il Vangelo non sta a raccontare quello che Giuda può aver pensato, il Vangelo si ferma semplicemente sul significato che il tradimento di Giuda possiede, dice: «satana entrò in Giuda (anche Giovanni dice così) che era nel numero dei Dodici». Quello che il Vangelo vuol dire è che l'uomo può diventare strumento di una potenza di male, di una potenza di cattiveria, di una potenza di menzogna.

Il tradimento di Giuda ci mette davanti questa tragica possibilità che nella storia dell'umanità si è ripetuta, perché purtroppo la violenza nei confronti dei fratelli, la violenza nei confronti anche dell'innocente, ha segnato un po' la storia del mondo e quel tradimento di Giuda ne è in qualche modo un po' un modello.

Quello che fa pensare è che in tutta la letteratura moderna, non si riesce e trovare una presentazione di Giuda in cui sia effettivamente un traditore, tutti i libri che si scrivono, ma anche in certi film, c'è una specie di giustificazione. Si dice: c'è un modo che Giuda ha usato per far decidere Gesù, visto che Gesù non si decideva a manifestarsi finalmente come Messia, Giuda l'ha messo un po' con le spalle al muro perché si decida. Oppure si dice: in fondo Giuda fa quello che fa perché ne è in qualche modo spinto da una volontà superiore, deve realizzare un progetto di salvezza. Cioè il progetto della salvezza comprende anche un tradimento, quindi ci voleva un traditore, e Giuda è chiamato a fare il traditore.

Ma sono tutte una serie di giustificazioni che stanno solo nella immaginazione dei romanzieri o di quelli che fanno i film, però è significativo che si pensi così, è significativo perché vuol dire che noi non siamo capaci di sopportare il peso di un tradimento, il tradimento ci sembra troppo pesante, troppo grave, troppo disumano perché un cuore di uomo lo possa nutrire e generare; ma in realtà il tragico è proprio questo, che il nostro povero cuore possa diventare la causa di una cattiveria, di una violenza che diventa crudele e criminale.

Quindi siamo qui anche perché ci rendiamo conto di questa tragica possibilità che è anche nostra, perché nessuno dica: " *io non sono un Giuda*". Il tradimento è una possibilità, anche nella cerchia dei discepoli....non stiamo a...: dei discepoli!

Stamattina abbiamo parlato della disciplina del discepolo, in un certo senso è proprio l'intimità con Gesù che permette il tradimento, e Giuda può tradire proprio perché appartiene al gruppo dei Dodici.

Fosse stato uno straniero non avrebbe potuto agire in questo modo, e ricordate che nel contesto della cena Gesù dice: «Ecco la mano di chi mi tradisce è con me nella tavola. Il Figlio dell'uomo se ne va secondo quanto è stato scritto….» E' vero! E alla fine cosa succede? «Cominciarono a domandarsi a vicenda», che è quello che il Vangelo vuole ottenere anche da noi, che noi interroghiamo anche noi stessi, spalanchiamo il cuore davanti a Cristo e alla sua parola, che lasciamo venire a galla i nostri sentimenti, le nostre cattiverie con sincerità, perché l'unica condizione che è decisiva è proprio la sincerità davanti al Signore, questo metterci con sincerità davanti a Lui perché il Signore purifichi tutto quello che in noi è disgregato, è rovinato, è negativo.

In questo senso la figura di Giuda è importante e ci aiuta non ad avvilirci, ma piuttosto alla consapevolezza del rischio che sta dentro anche la nostra vita e quindi questa grande apertura, disponibilità al Signore. In questo credo che ha un senso anche leggere il significato di questo tradimento di Giuda, come ha senso una seconda figura che per certi aspetti è parallela a quella di Giuda, che ha un esito radicalmente diverso: la figura di Pietro.

Anche Pietro viene in primo piano nel contesto dell'ultima cena [cap. 22 - vv 31,34]:

[31] Simone, Simone, ecco satana vi ha cercato per vagliarvi come il grano;

[32] ma io ho pregato per te, che non venga meno la tua fede; e tu, una volta ravveduto, conferma i tuoi fratelli».

[33] E Pietro gli disse: «Signore, con te sono pronto ad andare in prigione e alla morte».

[34] Gli rispose: «Pietro, io ti dico: non canterà oggi il gallo prima che tu per tre volte avrai negato di conoscermi».

(Questo testo lo leggeremo tutti il giorno delle Palme).

E' significativo perché dice, primo, quello che Gesù sa di Pietro:

· Gesù sa di Pietro che lo rinnegherà.

· Gesù sa di Pietro più cose che non sappia Pietro stesso.

· Gesù sa che satana li ha cercati per vagliarli;
questo i discepoli non lo sanno, non sanno vedere bene in questi avvenimenti, Gesù invece li vede e lo sa, sa quanto sia forte questa lotta contro il gruppo dei discepoli da parte del principe delle tenebre «satana vi ha cercato per vagliarvi...ma io ho pregato per te, perche non venga meno la tua fede». Vuol dire che la fede di Pietro è una fede che ha delle debolezze, che ha dei rischi, che è il rischio di cedere di fronte alla tentazione, è una fede che ha bisogno di essere custodita dalla preghiera di Gesù. Cioè la preghiera di Gesù fa un po' da scudo attorno alla fede di Pietro perché le tentazioni non riescano a sgretolarla questa fede.

· Gesù sa di Pietro anche l'itinerario che Pietro dovrà percorrere, di consapevolezza di sé «prima che il gallo canti tu per tre volte avrai negato di conoscermi».
Pietro non lo sa ma Gesù glielo dice, Pietro si illude, presume di se stesso; torno a dire: certamente presume in buona fede, però presume, pensa di comprendere fino in fondo il suo cuore, mentre il nostro cuore lo comprende fino in fondo solo il Signore.

Noi ne scandagliamo un pochino, siamo capaci di ritornare un po' su noi stessi (ed è importante), si tenta anche con la psicanalisi di andare ancora in profondità, di andare a scoprire alcune radici nella nostra infanzia, ma in realtà fino in fondo il nostro cuore, né noi, né gli psicologi, sono in grado di andare. Quello che sta dentro al cuore e che spesso viene fuori così all'improvviso, e ciò di cui non ci rendiamo conto come mai sia venuto fuori, lo conosce solo il Signore. "*Mai avrei potuto pensare, mai avrei potuto immaginare una cosa di questo genere, di poter pensare o desiderare una cosa del genere*", però è venuta fuori, vuol dire che dentro c'era e non ce ne rendevamo conto.

Questo anche per Pietro: c'era nel suo cuore questa debolezza, questa fragilità, questo attaccamento a sé stesso che verrà fuori al momento del rinnegamento, Pietro non lo vedeva, anzi: «Signore, con te sono pronto ad andare in prigione e alla morte», che sì, sono delle espressioni anche molto belle, molto sincere e tipiche proprio di Pietro, quel .....con te.... è una specie di poema, è l'atteggiamento del discepolo, della fiducia, dell'abbandono, della comunione "*....riconosco che sei tu che sostieni tutto* (dice Pietro) *con te sono pronto a qualsiasi cosa*".

Il brano evidentemente vuole essere confrontato con il brano del rinnegamento [vv 54, 56]:

[54] Dopo averlo preso, lo condussero via e lo fecero entrare nella casa del sommo sacerdote. Pietro lo seguiva da lontano.

[55] Siccome avevano acceso un fuoco in mezzo al cortile e si erano seduti attorno, anche Pietro si sedette in mezzo a loro.

[56] Vedutolo seduto presso la fiamma, una serva fissandolo disse: «Anche questi era con lui».

[57] Ma egli negò dicendo: «Donna, non lo conosco!».

[58] Poco dopo un altro lo vide e disse: «Anche tu sei di loro!». Ma Pietro rispose: «No, non lo sono!».

[59] Passata circa un'ora, un altro insisteva: «In verità, anche questo era con lui; è anche lui un Galileo».

[60] Ma Pietro disse: «O uomo, non so quello che dici». E in quell'istante, mentre ancora parlava, un gallo cantò.

[61] Allora il Signore, voltatosi, guardò Pietro, e Pietro si ricordò delle parole che il Signore gli aveva detto: «Prima che il gallo canti, oggi mi rinnegherai tre volte».

[62] E, uscito, pianse amaramente.

E' molto significativo perché esprime questo episodio la verità di Pietro, quello che Pietro è davvero, che Pietro deve imparare a misurarsi, a pesare la sua fedeltà, la sua debolezza, e il Signore gliela fa pesare. E credo, diciamolo pure tra parentesi perché anch'io non sono sicurissimo,
credo che anche l'esperienza della nostra debolezza, della nostra fragilità, non dico che è voluta dal Signore, ma il Signore lo può anche permettere per farci misurare quanto siamo deboli, quanto siamo piccoli, credo che il Signore si serva anche di questo, non che il peccato sia in sé una cosa positiva, ha sempre un aspetto di allontanamento da Dio che è negativo, ma il Signore a volte si serve anche di quello quando ci vuol riportare alla nostra umiltà.

E non c'è niente che dispiaccia di più al Signore di una vita spirituale superba, di uno che pensa di essere chissà chi (lo sentiremo anche nel Vangelo della Messa). Quando ci vuol riportare a lui, il Signore sopporta anche il nostro peccato, si serve anche di quello, a volte ci umilia, ci fa vergognare di noi stessi, ed è quello che è capitato a Pietro, in questo rinnegamento: qui Pietro ha perso l'orientamento, non capisce più niente, ma proprio niente.

«Anche questi era con lui». «Donna, non lo conosco!». Non lo conosco vuol dire: non conosco Gesù. Come? Se è sempre stato con lui? Ha fatto quella bellissima professione di fede, l'abbiamo sentita stamattina: «Tu sei il Cristo, il Figlio di Dio!» "*Ad un cero punto noi abbiamo lasciato tutto, ti abbiamo seguito....*" Come fa a dire: Non lo conosco!? Ma è proprio così: Pietro non conosce Gesù.

Ecco perché quando ha fatto quella professione ha detto: «Non dite niente in giro», perché tu hai in mente un Messia sbagliato, lui (Pietro) conosce solo qualcosa di Gesù, conosce Gesù dei miracoli, Gesù che moltiplica il pane, Gesù dei grandi discorsi che attira le folle, quel Gesù lo conosce, ma il Gesù del processo, dell'umiliazione, della sofferenza, questo no, questo non l'aveva mai capito, non l'aveva mai accettato. E' vero che Gesù per tre volte l'ha annunciato, poi per tre volte il Vangelo ci ha detto che i discepoli non l'hanno capito, quelle parole erano troppo lontane dal loro orizzonte mentale: non lo conoscono, il Gesù vero Pietro non lo conosce ancora.

Non voglio tirare il ragionamento, ma capita tante volte anche a noi di fronte a certe situazioni, ma anche della nostra vita, di rimanere come disorientati, di far fatica a ritrovare dentro certe situazioni la presenza del Signore, come dire: "*non lo conosco più, non lo vedo più in questa situazione, in questa malattia, in questa disgrazia, non vedo nessuna presenza di Dio in questa fatica, in questa croce*".

E' il Gesù della croce che Pietro in qualche modo rinnega: «Anche tu sei di loro, del gruppo dei dodici!», Pietro rispose: «No, non lo sono!». Vuol dire che non riconosce neanche gli altri, cioè non riconosce neanche i suoi condiscepoli, i suoi amici, avevano condiviso tutto, ma rifiutare Gesù significa rifiutare anche i fratelli, rifiutare il gruppo dei dodici: "*non appartengo più a quel gruppo, mi sono staccato dal Signore e quindi sono diviso anche dagli altri*".

Ma non solo, anche più avanti: «anche lui è uno di loro, anche lui è un Galileo» (cioè viene dalla Galilea) «O uomo, non so quello che dici», dove Pietro non sa nemmeno lui quello che dice; dicono che è un galileo e Pietro non si rende più conto neanche di questo, ha perso anche la conoscenza di sé stesso, vuol dire proprio lo smarrimento totale. Cioè nel momento in cui non riconosce più il Signore, non riconosciamo più i nostri fratelli, non riconosciamo più gli altri, non riconosciamo più nemmeno la nostra precisa identità. «E in quell'istante, mentre ancora parlava, un gallo cantò».

[61] Allora il Signore, voltatosi, guardò Pietro, e Pietro si ricordò delle parole che il Signore gli aveva detto: «Prima che il gallo canti, oggi mi rinnegherai tre volte».

[62] E, uscito, pianse amaramente.

Quello che fa il miracolo è questo sguardo di Gesù, lo sguardo di Gesù riporta Pietro alla verità, a vedere le cose così come sono, così come stanno, a riconoscere all'improvviso il suo rinnegamento il suo abbandono di Gesù e a riconoscere nello stesso tempo che Gesù gli vuole ancora bene, perché quello sguardo dice che Gesù ama Pietro e lo amava anche se sapeva quello che Pietro avrebbe fatto. Pietro non sapeva quello che sarebbe successo, ma Gesù lo sapeva bene: «prima che il gallo canti mi rinnegherai tre volte». Poteva essere un motivo sufficiente per scaricare Pietro, per dire: "*non voglio avere niente a che fare con te*", ma Gesù non aveva scaricato Pietro, ma aveva detto: «ho pregato per te, perché la tua fede non venga meno; e tu, una volta convertito, conferma i tuoi fratelli».

Leggendo un po' tutto Luca sapete che alla fine del capitolo 24 dopo i discepoli di Emmaus: i discepoli di Emmaus quando hanno capito la Parola di Dio, l'Eucarestia, tornano a Gerusalemme e trovano Pietro che sta confermando i fratelli.

Quindi Gesù non l'aveva abbandonato nella sua debolezza, sapeva la debolezza di Pietro ma lo ha amato. Quando noi leggiamo queste cose non possiamo non commuoverci.

Una volta avevo raccontato quella espressione dei Padri della Chiesa che dicevano che Pietro pianse amaramente ma aveva due rigagnoli di lacrime, uno dolce, uno amaro: quello amaro della consapevolezza del suo tradimento, quello dolce perché sul volto di Gesù ha visto il perdono.

Quindi sapeva la debolezza di Pietro ma lo ha amato ed è questo sguardo d'amore che converte Pietro. Questo sguardo d'amore...quando penso anche al Vangelo di domani del "*padre misericordioso*", più che del "*figliol prodigo*", continuo a ripetere:

E' solo l'amore che può addolcire il cuore, non l'indurimento, non il castigo, non la vendetta.

E' solo l'amore, anche se a volte è difficile amare, nonostante tutto.

Allora il Signore lo sapeva, sapeva già tutto questo e, nonostante lo sapesse, dice Pietro: *"non mi ha rifiutato, mi ha accolto, anzi ha pregato per la mia fede"*.....«E, uscito fuori, pianse amaramente».

A questo punto Pietro ha misurato sé stesso e ha misurato anche Gesù: proprio perché si è reso conto della sua debolezza, si è reso conto anche della grandezza dell'amore del Signore per lui.

Aggiungiamo a Pietro anche il gruppo dei discepoli, torniamo leggermente indietro il nostro brano, sempre al capitolo 22:

[39] Uscito se ne andò, come al solito, al monte degli Ulivi; anche i discepoli lo seguirono.

[40] Giunto sul luogo, disse loro: «Pregate, per non entrare in tentazione».

[41] Poi si allontanò da loro quasi un tiro di sasso e, inginocchiatosi, pregava:

[42] «Padre, se vuoi, allontana da me questo calice! Tuttavia non sia fatta la mia, ma la tua volontà».

[43] Gli apparve allora un angelo dal cielo a confortarlo.

[44] In preda all'angoscia (pensate al tipo dell'angoscia), pregava più intensamente; e il suo sudore diventò come gocce di sangue che cadevano a terra.

[45] Poi, rialzatosi dalla preghiera, andò dai discepoli e li trovò che dormivano per la tristezza.

[46] E disse loro: «Perché dormite? Alzatevi e pregate, per non entrare in tentazione».

Ecco questo gruppo di discepoli segue Gesù, quindi lui si allontana da loro per combattere quella che è la sua ultima lotta, la sua agonia, la sua lotta vuol dire quella lotta con cui deve opporsi, e questa volta in modo definitivo, alla tentazione di satana che, quando abbiamo letto "*le tentazioni*", tornerà nel momento opportuno che è questo. Cioè la tentazione sembra quella di sfuggire alla morte, è quella che aveva provato nella terza tentazione del deserto e che ritorna adesso al momento supremo dell'orto degli Ulivi.

Ecco, bene, Gesù deve combattere questa lotta e lo fa...e lo fa pregando. Questo è un testo veramente esemplare per noi, vuol dire che l'unico modo per affrontare e superare certe battaglie, certe lotte, è la preghiera.

satana, abbiamo letto prima, vaglia....vaglia, vuol dire che distingue la pula dal grano, distingue quello che c'è di autentico da quello che c'è di falso, cioè mette alla prova, tenta.

E l'unico modo per resistere alla prova è la preghiera, che non è uno strumento magico per vincere la lotta, ma invece significa riconoscimento umile della propria debolezza, togliere ogni presunzione, significa fiducia in Dio, abbandono in Dio, intimità con Dio.

La preghiera diventa a questo punto strumento di vittoria, non perché ha una specie di efficacia magica in sé, ma perché, direi, stanca il nostro cuore all'azione di Dio, ci toglie l'autosufficienza, ci toglie la presunzione. La persona che prega riconosce di non potere stare in piedi con le sue gambe, quindi allunga la mano perché il Signore la tenga in piedi, perché il Signore la faccia camminare.

In realtà questi discepoli, dice il Vangelo di Luca: «dormivano per la tristezza». Per la tristezza vuol dire che fan fatica a sopportare quella tensione che stava nascendo e che c'era, il peso di quello che stava per accadere, si rendono conto che c'è qualcosa di tragico che sta per avvicinarsi, che sta per verificarsi e che sarebbe proprio il momento di pregare, invece li prende la tristezza, il torpore.

E' una specie di piccola anestesia psicologica che anche noi qualche volta facciamo, a volte abbiamo paura di guardare in faccia la realtà quando è troppo brutta, quando è penosa e in qualche modo cerchiamo di guardare da un'altra parte, di non rendercene conto del tutto come fanno qui i discepoli.

E' un rifiuto di lucidità, è un rifiuto di chiarezza, ma proprio perché non hanno pregato di fronte alla prova, non riusciranno a reagire nel modo giusto quando verranno a prendere Gesù e reagiranno con la violenza, che vuol dire che non saranno capaci di abbracciare i progetti di Dio, avranno ancora i loro progetti, le loro speranze da tentare, d'imporre alla storia, alla realtà, agli altri, non sono stati capaci di ritrovare dentro di sé la forza per opporsi all'ingiustizia.

Ecco l'importanza anche della preghiera.

La preghiera fa esattamente questo: la preghiera serve a passare dai nostri progetti ai progetti di Dio, dai nostri programmi ai programmi del Signore, serve a dire quello che ha detto il Signore: «Padre se puoi allontana da me questo calice, ma non sia fatta la mia ma la tua volontà».

Questo è il cammino della preghiera.

Quando io prego vado davanti al Signore, ho tanti desideri, tante attese, tanti progetti, ma corrispondono al disegno di Dio? Mi metto a pregare per questo? Se la preghiera è sincera, se la preghiera è autentica, se la preghiera è anche prolungata ed è fedele, al termine della preghiera c'è esattamente da dire: "*Padre, non la mia ma la tua volontà.*

Riconosco che la tua volontà è più giusta della mia,
riconosco che nella tua volontà c'è la mia stessa gioia,
magari non riesco a rendermene conto, non riesco a sentirla,
sento ancora una ribellione dentro, un rifiuto,
ma so, riconosco che nella tua volontà sta la mia pace.
Non la mia, ma la tua volontà sia fatta".

Questo è quello che i discepoli non sono stati capaci di fare, non hanno pregato, hanno dormito. «Pregate per non entrare in tentazione». Non c'era altra possibilità che questa!

Se voi andate a rileggere il famoso capitolo ottavo della Lettera ai Romani quando Paolo dice: «Noi non sappiamo nemmeno cosa sia giusto chiedere, però è lo

Spirito che conosce i progetti di Dio. Lui vi indica, Lui vi insegna». Allora, sostando in preghiera, anche su un testo biblico, certamente è lo Spirito che vibra nelle Scritture e che vibra anche dentro di noi, ci orienta positivamente, forse ci siamo messi a pregare con delle intenzioni e ne usciamo con delle altre perché abbiamo detto: "*Non la mia, ma la tua volontà sia fatta*".

Questo, mi pare, era un momento molto importante sul tema della preghiera.

Andiamo avanti e troviamo un altro personaggio importante nel racconto della Passione, ed è Pilato, al quale viene condotto Gesù con un'accusa fondata su distorsione, su menzogna, è accusato di essersi fatto re, è in prospettiva politica.

Ora, quello che è significativo nel Vangelo è che per tre volte, non una, ma per tre volte, Pilato dice che Gesù è innocente. Lo dice per tre volte, quindi di per sé non era così stupido, ha esaminato le cose, ha valutato bene, come un bravo giudice dovrebbe fare, ed è arrivato ad una conclusione che per lui è chiara, il fatto che lo ripeta per tre volte vuol dire che è chiara, però....però lo condanna. Ma come? Come mettere insieme il riconoscimento esplicito dell'innocenza di Gesù e la condanna? Vuol dire che quella giustizia di cui i Romani andavano fieri (i Romani sono un po' gli inventori del diritto in senso maturo, in senso grande) davanti a Gesù anche la giustizia romana fa fallimento, riconosce le cose ma non le esegue correttamente.

Forse quello che il Vangelo vuol dire è che davanti a Gesù non è possibile un'oggettività piena, bisogna che una persona per accogliere e giudicare correttamente Gesù entri in sintonia con Lui, lo riconosca per quello che è come Profeta, Messia, Figlio di Dio; fino che questa professione di fede non viene pronunciata, non c'è giustizia, non c'è correttezza nei suoi confronti. E Pilato può essere il simbolo di quella autorità che si sottrae alla propria responsabilità, invece di giudicare, di assumersi il dovere, la responsabilità, l'onere, lo mette nelle mani degli altri, il ché esprime (diciamolo pure) la sua vigliaccheria, il sottrarsi alla responsabilità che è uno dei rischi di chi ha un potere, di chi deve gestire un'autorità. Cioè chi deve gestire un'autorità la deve anche gestire per bene, per la verità, per la giustizia, non deve sottrarsi a questo, eppure Pilato ha tentato, anche per dei vantaggi di tipo politico, ma rimane questa distorsione grave, significativa: si può arrivare a giudicare rettamente con la testa, ma poi a comportarsi ingiustamente in concreto. E, di fatto, Pilato è questo.

Insieme a lui c'è quell'altro personaggio che è Erode.

Luca 23

[6] Udito ciò, Pilato domandò se era Galileo

[7] e, saputo che apparteneva alla giurisdizione di Erode, lo mandò da Erode che in quei giorni si trovava anch'egli a Gerusalemme.
[8] Vedendo Gesù, Erode si rallegrò molto, perché da molto tempo desiderava vederlo per averne sentito parlare e sperava di vedere qualche miracolo fatto da lui.

"*Ah,* (dice) *è bello*"....desiderava vederlo! (c'era un altro che desiderava vedere Gesù: quel Zaccheo che era salito sul sicomoro). All'inizio è molto bello, perché vuole vedere Gesù. Perché lo vuole vedere? Sperava di vedere qualche miracolo, per lui era un po' un saltimbanco, non interessa tanto Gesù in sé, interessavano i miracoli di Gesù.

[9] Lo interrogò con molte domande, ma Gesù non gli rispose nulla.

[10] C'erano là anche i sommi sacerdoti e gli scribi, e lo accusavano con insistenza.

[11] Allora Erode, con i suoi soldati, lo insultò e lo schernì, poi lo rivestì di una splendida veste e lo rimandò da Pilato.

[12] In quel giorno Erode e Pilato diventarono amici; prima infatti c'era stata inimicizia tra loro.

Questo Erode viene presentato dagli storici un po' come un uomo estroso, diciamo così: un uomo di mondo, indifferente ai valori religiosi, amante del lusso, della tavola, astuto, desideroso di novità, è l'uomo annoiato dalla vita, l'uomo ricco, ricchissimo, ma che non ci piglia gusto a vivere, cinico, vorrebbe divertirsi, l'unica cosa che gli possa far passare il tempo, e pensa che Gesù sia una specie di giocoliere, quei personaggi di corte che fanno qualche gioco impressionante per fare rimanere gli altri a bocca aperta.

Ma questo evidentemente fa vedere la figura di un cinico, non si rende conto che ha davanti un condannato a morte, che si sta giocando la vita, per Erode è questione di passatempo. E' questo il dramma di quest'uomo, per certi aspetti anche moderno, per certi aspetti è un uomo di oggi, un uomo sazio ma annoiato, che non ha valori, che riduce tutte le cose a banalità, al piccolo, al divertimento.

Ma il tragico non è che uno voglia divertirsi, alla fine sarebbe una cosa anche di poco conto, il tragico è che in questo divertimento sono coinvolte delle persone, delle vite: in questo caso è la vita del Signore! Gioca sulla tragedia, Erode.

Infatti davanti a Erode Gesù tace: tace con le parole perché non dice una parola, tace con i fatti perché non compie nessun gesto. Questo è per un motivo evidente, perché le parole di Gesù sono per invitare alla conversione, e i gesti di Gesù e i miracoli di Gesù sono manifestazioni del Regno di Dio. Gesù per sé non ha mai fatto dei miracoli per ottenere un successo, per avere il sostegno di qualcuno; Gesù non ha rifiutato il miracolo quando è stato chiesto da un bisognoso, da un ammalato, da un povero, da un peccatore, ma non ha mai fatto un segno quando è stato chiesto come auto giustificazione, come affermazione di sé.

Quindi di fronte a Erode Gesù tace. Erode lo insulta coi suoi soldati, si mette a livello dei soldati: «Allora Erode, con i suoi soldati, lo insultò e lo schernì». Gli ha messo questa veste e lo rimanda a Pilato.

Questo Gesù è, secondo Pilato e anche secondo Erode, più ridicolo che pericoloso, non è un re, è un visionario, è un sognatore, non è un rivoluzionario; lo rimanda a Pilato con questa toga candida che vorrebbe dire uno che vuole arrivare a un certo grado alto di potenza.

E poi, sulla via del Calvario, troviamo un altro personaggio:

[26] Mentre lo conducevano via, presero un certo Simone di Cirène che veniva dalla campagna e gli misero addosso la croce da portare dietro a Gesù.

Qui nel Vangelo di Luca è un po' più dolce che non Marco, nel Vangelo di Marco dice che "*angariarono quest'uomo*", cioè lo hanno costretto con la forza a prendere la croce, mentre in Luca «presero un certo Simone». Evidentemente per Luca, Simone diventa un simbolo, un modello: «se qualcuno vuol venire dietro me, rinneghi sé stesso, prenda la sua croce ogni giorno e mi segua».

Simone rappresenta il discepolo di Cristo, il martire cristiano, quello che assume la croce quotidiana, che la riconosce e la porta andando dietro a Gesù. Ecco, c'è qualcuno che va dietro a Gesù, nemmeno costretto e con una certa libertà; certamente non è con una libertà assoluta, non l'è andata a cercare lui la croce, però gli va dietro con questa croce.

[27] Lo seguiva una gran folla di popolo e di donne che si battevano il petto e facevano lamenti su di lui.

[28] Ma Gesù, voltandosi verso le donne, disse: «Figlie di Gerusalemme, non piangete su di me, ma piangete su voi stesse e sui vostri figli.

[29] Ecco, verranno giorni nei quali si dirà: Beate le sterili e i grembi che non hanno generato e le mammelle che non hanno allattato.

[30] Allora cominceranno a dire ai monti: Cadete su di noi! e ai colli: Copriteci!

[31] Perché se trattano così il legno verde, che avverrà del legno secco?»

[32] Venivano condotti insieme con lui anche due malfattori per essere giustiziati.

[33] Quando giunsero al luogo detto Cranio, là crocifissero lui e i due malfattori, uno a destra e l'altro a sinistra.

[34] Gesù diceva: «Padre, perdonali, perché non sanno quello che fanno».
Dopo essersi poi divise le sue vesti, le tirarono a sorte.

Ecco, notiamo come nel Vangelo di Luca, Gesù viene veramente presentato come modello dell'esistenza cristiana, è il modello di per sé anche del martire, non a caso che Luca negli Atti degli Apostoli descrive il martirio di Stefano uguale a quello di Gesù, mette sulla bocca di Stefano le stesse parole di Gesù: «Signore nelle tue mani metto il mio spirito, non imputare loro questo peccato». Stefano ha percorso il suo cammino di martirio imitando Gesù, Gesù è il modello, è il primo, e il cristiano deve prendere da Lui l'esempio, a partire da questo perdono impressionante: «Padre perdonali»; poi capiremo perché riesce a perdonare, non solo perché non sanno quello che fanno.

La forza di Gesù sta proprio in queste parole di perdono, nella capacità di non restituire male per male «ma (direbbe Paolo) di vincere il male con il bene».

[35] Il popolo stava a vedere, i capi invece lo schernivano dicendo: «Ha salvato gli altri, salvi se stesso, se è il Cristo di Dio, il suo eletto».

Notate che Luca distingue il popolo dai capi: i capi scherniscono, il popolo sta semplicemente a vedere; ma significative sono le parole con cui scherniscono Gesù:

«Ha salvato gli altri, salvi se stesso, se è il Cristo di Dio, il suo eletto».

Queste sono le parole di satana nelle "*Tentazioni*" del capitolo quarto di Luca: «Se tu sei Figlio di Dio, buttati giù dal pinnacolo del tempio, fatti salvare, salvati, allora sì che ti crederanno».

Questa gente dice lo stesso: «.....salvi sé stesso, se è veramente il Cristo di Dio, il suo eletto».

<u>Ma proprio perché Gesù è il Cristo di Dio non scende dalla croce, non salva sé stesso, ha un potere senza limiti, ma questo potere riguarda la salvezza degli altri, è venuto per la salvezza degli altri, non per la sua. Il potere si Gesù è unico, ma è un potere di salvezza, di sostegno del mondo.</u> «Ha salvato gli altri, salvi se stesso».

La incomprensione profonda che invece bisogna recuperare in questa logica dell'amore... l'amore è così, l'amore sa donare, sa spendere sé stesso per la salvezza degli altri, sa dimenticare sé stesso. Che poi questo amore di Gesù che sembra perdente sulla croce, sia in realtà vincitore, questo lo si comincia già ad intravedere dall'altro episodio che segue (andiamo verso la fine).

[39] Uno dei malfattori appesi alla croce lo insultava: «Non sei tu il Cristo? Salva te stesso e anche noi!».

[40] Ma l'altro lo rimproverava: «Neanche tu hai timore di Dio e sei dannato alla stessa pena?

[41] Noi giustamente, perché riceviamo il giusto per le nostre azioni, egli invece non ha fatto nulla di male».

[42] E aggiunse: «Gesù, ricordati di me quando entrerai nel tuo regno».

[43] Gli rispose: «In verità ti dico, oggi sarai con me nel paradiso».

Certamente questo è uno degli episodi che più colpisce, qui già si intravede la fecondità della morte di Gesù che spalanca il paradiso a questo malfattore.

E' un malfattore sul serio, non per modo di dire, però non ha nessuna presunzione, non pretende niente, semplicemente affida la sua vita a Gesù con una fede che è grande, perché se immaginate la scena: sotto c'è tutta questa gente che urla, non c'è nessuno che manifesti una fede, a parte Maria e Giovanni che stavano sotto la croce (quel coraggio che hanno avuto di stare sotto la croce nonostante tutta l'ostilità che c'era attorno), quindi non c'era niente che convincesse il ladrone ad affidarsi, perché tutto remava contro (potremmo dire), eppure lui fa quella affermazione: «Ricordati di me quando sarai nel tuo regno», cioè ammette la regalità di Cristo.

«Ricordati....ricordati.... quando sarai nel tuo regno».

E Gesù: «Oggi sarai con me in paradiso». Esprime la vittoria sulla morte, una vittoria che Gesù compie non per sé solo, ma anche per gli uomini, per noi, per questo ladrone, per questi malfattori. Ma era venuto per questo, per gli ultimi era venuto! Lo dice stamattina: «Il medico viene per i malati». E a questo peccatore offre l'ingresso nel suo regno: «oggi» (noi diciamo: "*e il purgatorio va a farsi benedire*"). «Oggi», «oggi».... a parte il fatto che il tempo esiste per noi, non esiste per loro.

E poi:

[44] Era verso mezzogiorno, quando il sole si eclissò e si fece buio su tutta la terra fino alle tre del pomeriggio.

[45] Il velo del tempio si squarciò nel mezzo.

[46] Gesù, gridando a gran voce, disse: «Padre, nelle tue mani consegno il mio spirito». Detto questo spirò.

In queste ultime parole c'è l'ultimo segreto da carpire, queste ultime parole di Gesù nel Vangelo di Luca (c'è anche un Salmo, il Salmo 31):

«Padre, nelle tue mani affido il mio spirito», e vanno messe assieme a quelle che abbiamo letto prima «Padre, perdonali, perché non sanno quello che fanno».

Queste due espressioni vanno tenute assieme, perché?

Una di queste espressioni si rivolge al Padre ed esprime il rapporto di Gesù con il Padre: «Padre, nelle tue mani affido il mio spirito».

L'altra si rivolge agli uomini ed esprime l'atteggiamento di Gesù nei confronti degli uomini, che vuol dire che l'atteggiamento di Gesù nella Passione, lo si può riassumere in queste due direzioni:

nei confronti degli uomini il perdono,

nei confronti di Dio la fiducia e l'abbandono totale.

Queste sono due espressioni che vanno tenute assieme e, si può dire (Pietro lo dice nella sua prima Lettera): **proprio perché Gesù affida la sua vita a Dio, diventa capace di perdonare gli altri**.

Cioè diventa capace di non essere cattivo nei confronti dell'ingiustizia e della cattiveria umana, ma di vincere questa ingiustizia e questa cattiveria con il perdono.

Allora in questo, dicevamo, diventa effettivamente il modello per la nostra vita, per la nostra vita di oggi. In fondo la vita cristiana è fatta di queste due cose:

* **l'amore nei confronti degli altri,**
* **fiducia nei confronti di Dio.**

La fiducia nei confronti di Dio è quella che ci libera per riuscire ad amare i fratelli.
Quindi questo abbandono in Dio non può che avere come conseguenza il perdono per i fratelli.

Questa è un po' la breve sintesi della Passione secondo Luca.

---ooo0ooo---

Celebrazione Eucaristica

Sabato, 13 marzo 2010

Os 6,1-6;

Lc 18,9-14 In quel tempo, 9Gesù disse questa parabola per alcuni che presumevano di essere giusti e disprezzavano gli atri: 10«Due uomini salirono al tempio a pregare: uno era fariseo e l'altro pubblicano. 11Il fariseo, stando in piedi, pregava così tra sé: "O Dio, ti ringrazio che non sono come gli altri uomini, ladri, ingiusti, adulteri, e neppure come questo pubblicano. 12Digiuno due volte la settimana e pago le decime di quanto possiedo". 13Il pubblicano invece, fermatosi a distanza, non osava nemmeno alzare gli occhi al cielo, ma si batteva il petto dicendo: "O Dio, abbi pietà di me peccatore". 14Io vi dico: questi tornò a casa sua giustificato, a differenza dell'altro, perché chi si esalta sarà umiliato e chi si umilia sarà esaltato».

OMELIA

E' certamente uno dei testi che più conosciamo, è un invito a imparare a pregare con verità. Per il rapporto con il prossimo Luca riporta la parabola del "*Buon Samaritano*", mentre "*il Fariseo e il Pubblicano*" delinea il corretto rapporto con Dio, visto come un pregare con verità. Cioè l'evangelista della preghiera che è Luca, stronca ogni autosufficienza umana, proponendo questo umile dialogo e comunione filiale.

La vita dell'uomo si esprime nel rapporto. I termini fondamentali con cui la nostra esistenza si rapporta sono due, almeno per un credente, con Dio e con il prossimo e per ciascuno di questi rapporti Gesù ha posto una parabola chiave:

"*Il fariseo e il pubblicano*" per il rapporto con Dio,

"Il Buon Samaritano" per i rapporti con il prossimo.

Cioè impressiona il fatto che per descrivere questi due aspetti così fondamentali della vita dell'uomo, Gesù abbia preso due personaggi del tutto non credibili nel mondo strano del tempo: un samaritano e un pubblicano. E' un po' provocatorio, ma questo è lo stile a volte del Signore.

Qual è l'approccio a questo testo? Alla parabola del nostro passo precede un'altra quella per esempio del "*giudice iniquo*" nel quale Gesù aveva rimarcato la necessità (ricordate quella donna) di una preghiera insistente, perseverante, ora aggiunge che è necessario che la preghiera sia radicalmente sincera; emerge al centro di essa un insegnamento sulla vita del discepolo (stamattina abbiamo imparato tante cose sul discepolo: qui ci insegna ancora a pregare).

Ciò che definisce l'essere giusti per essere retti non è ciò che uno pensa di sé, ma ciò che uno veramente è.

La parabola rappresenta due tipi di persone visti sotto un solo aspetto: **come si vedono davanti a Dio**, e in base a questo Luca illustra due modi di pregare.

Questa parabola verte quindi sulla vera religiosità: **di fronte a Dio tutti devono riconoscersi poveri, peccatori, bisognosi di perdono e di misericordia.**

E per dire tutto questo Gesù inventa una parabola nella quale il messaggio è affidato ad un pubblicato, cioè un uomo giudicato allora un miscredente, il quale (fra virgolette) "fa la predica" al fariseo, all'uomo giudicato allora come religioso per eccellenza.

E' chiaro che Gesù vuole provocare gli ascoltatori, mettere in discussione le loro categorie mentali date per scontate, perché tra essi c'erano di quelli che erano persuasi di essere giusti e disprezzavano gli altri -notate che la parabola: Gesù disse questa parabola per alcuni che presumevano di essere giusti e disprezzavano gli atri-, ma mai dimenticare la chiave della lettura.

I due personaggi della parabola adoperano tutta la teologia della Nuova Alleanza: <u>ad una giustizia legale basata sulle opere della legge, Gesù contrappone una giustizia donata a colui che ha pietà.</u>

Il fariseo nella preghiera mostra la convinzione di fondo che la sua giustificazione proviene dalle opere, dalla legge, è fiero di essere un virtuoso, osservante oltre le strette prescrizioni mosaiche "io non sono come gli altri". E a garanzia di ciò porta il fatto che digiuna più degli altri, più del richiesto, paga le decime, ringrazia Dio di essere esente dai vizi degli altri uomini, di essere ricco di opere meritorie.

Chi sta dietro questo preghiera non si aspetta niente da Dio, non ha bisogno di Dio per mantenersi nella sua benevolenza, fa mostra di sé, delle sue opere, come fossero dei diritti, accampare diritti davanti a Dio, come se costituissero poi il suo credito sicuro davanti al Signore. Inoltre, ed è questo un altro aspetto di questa deformazione religiosa: disprezza gli altri.

Il pubblicano descrive il peccatore che si pente, che si umilia dinanzi a Dio, non si paragona a nessuno, si confessa per quel che è, rimettendosi al Dio della misericordia e, se abbiamo davanti la scena, in quel luogo del culto sembra spaesato, rimane in fondo al tempio, neppure ha il contegno usuale della preghiera rituale, il suo pregare però è di una semplicità estrema "O Dio, abbi pietà di me peccatore". E' un rimettersi a Dio con fiducia, mentre col gesto confessa la sua nullità e si batte il petto, con le parole proclama la grandezza misericordiosa di Dio.

E il giudizio finale sui due personaggi: Gesù qui sconcerta tutti, perché dà le sue preferenze all'odiato esattore del fisco. Tra un uomo molto religioso ma autosufficiente e un miscredente che riconosce di essere peccatore, Gesù non esita a scegliere il secondo, e la ragione è nel senso più profondo del versetto finale: «Io vi dico: questi tornò a casa sua giustificato, a differenza dell'altro, perché chi si esalta sarà umiliato e chi si umilia sarà esaltato».

Gesù parla di giustificazione, non dice che cosa essa sia; l'abbiamo già studiata qualche volta leggendo il capitolo terzo della lettera ai Romani: «Noi riteniamo che l'uomo è giustificato per la fede, indipendentemente dalle opere della legge». Cioè l'uomo è giustificato per quella fede che attesta la sua radicale autosufficienza e rimette le sorti della vita al Dio della misericordia.

Questa fede è essenziale! Questa attitudine interiore, che Gesù descrive come presente nel pubblicano e assente nel fariseo. Gesù non dice che il fariseo fu condannato, dice solo che il suo atteggiamento interiore nella preghiera non era tale da ottenere la giustificazione davanti a Dio, e quanto ciò sia importante è rimarcato alla fine: «chi si esalta sarà umiliato e chi si umilia sarà esaltato», che non enuncia un principio moralistico di ascetica volontaristica, ma invita ad assumersi con sincerità la propria verità: «Nel giorno del Figlio dell'Uomo ogni verità sull'uomo sarà ricollocata al suo giusto posto».

Ciò che conta fin d'ora è che l'uomo si ponga davanti al Signore per quello che è.

Non possiamo imbrogliare Dio, specialmente quando preghiamo, lì siamo quello che siamo: ci snuda, ci spoglia; non puoi ingannare Dio, lì sei quello che sei e basta! Quindi in questa parabola la preghiera viene presentata come atteggiamento capace di ricondurci alla nostra verità, e di qui partire per un rapporto autentico con Dio.

- Nella preghiera si svela il vero stato interiore di ognuno.
- Nella preghiera l'uomo si scopre per quello che veramente è.

Il fariseo e il pubblicano si manifestano:

- Colui che la gente reputa un uomo religioso, in effetti, nella preghiera si mostra un autosufficiente, io direi: praticamente ateo. E' la preghiera che lo svela non bisognoso di Dio, è un ragioniere che tiene i conti *"io faccio questo, questo, e questo"*.
- Colui che la gente reputava perduto, disprezzato, nella preghiera si svela confidente in colui che solo può aver pietà e salvare.

La preghiera ci fa uscire allo scoperto, il nostro profondo più sincero viene in superficie, il nostro intimo più vero che teniamo nascosto gelosamente come un segreto, non può non emergere, dinanzi a Dio siamo consegnati a noi stessi, non si scappa. Essere veri con Dio vuol dire partire da questa povertà strutturale di radicale bisogno di Dio, di assoluta inconsistenza sul fronte della vita. E l'uomo sincero deve confessare tutto questo davanti a Dio.

* Ciò che salva l'uomo è questo rimettersi a Dio incondizionatamente nell'umiltà e sincerità del cuore.
* Ciò che salva l'uomo è l'amore di un Dio gratuito, non salva l'amore delle proprie virtù, della propria osservanza, questo amore è un sentimento di esaltazione di sé, non di Dio.

Cioè l'uomo sicuro di sé, autosufficiente, autonomo, viene qui smascherato perché velleitario, viene giudicato incapace di instaurare un dialogo di comunione con Dio.

Andiamo verso la fine perché mi pare ci sono già delle cose che ci fanno riflettere.

Dicevamo che il pubblicano di per sé non è un modello di vita virtuosa, è il povero che sa di poter offrire a Dio soltanto un cuore spezzato, abbattuto (come dice il Salmo 50), è l'affamato che viene ricolmato di bene, mentre il ricco è rimandato a mani vuote, non corre nemmeno il pericolo di illudersi che le buone azioni conferiscono il diritto di avanzare pretese: non ne ha!

Il fariseo non deve rinunciare alla sua vita irreprensibile, ma deve rinunciare alla falsa immagine di Dio che lui ha in mente: un contabile che prende nota delle opere buone e cattive degli uomini, un distributore di premi e castighi. Da questa immagine deformata di Dio derivano tutti gli altri guai, primo fra tutti il bisogno di creare una barriera divisoria fra giusti e peccatori
"io non sono come gli altri".

Chi pensa di poter accumulare meriti davanti a Dio, finisce inevitabilmente per disprezzare gli altri, non vuole avere più nulla a che vedere con gli empi; chi si sente giusto è convinto di poter addirittura coinvolgere Dio in questa separazione, vorrebbe iscriverlo nel suo gruppo, nel club dei giusti, farlo diventare un fariseo. Dio non ci sta! Se proprio deve scegliere: Dio si mette con i peccatori.

A questo punto diventa ancora importante il versetto introduttorio che chiarisce a chi è diretta la parabola, i destinatari sono «alcuni che presumevano di essere giusti e disprezzavano gli atri». Guai! E' il rischio dei fedelissimi, io direi: anche dei consacrati. E' il rischio! La parabola è diretta ad alcuni che presumevano di essere giusti e disprezzavano gli altri.

Ma notiamo che quando leggiamo queste cose, ma anche Luca quando scrive queste cose, non le scrive per i farisei del tempo, le scrive per il fariseismo che era entrato tra i cristiani.
E' questo che bisogna tener presente! I farisei, sono i farisei del tempo che ormai si erano infiltrati, quel lievito dei farisei cui parla Gesù, erano i cristiani delle comunità di Luca, è in costoro che si era insinuata questa pericolosa mentalità.

Quindi la parabola è diretta ai cristiani di ogni tempo, anche di oggi, perché l'idea di poter meritare davanti a Dio è profondamente radicata nell'uomo, nessuno è completamente immune da questo lievito che inquina, corrompe la vita delle comunità.

Signore tu sei la gioia dei pubblicani e dei peccatori,
ma è anche vero che i pubblicani sono la tua gioia,
perché godono della tua tenerezza immeritata,
del tuo sguardo amico che gli uomini non sanno dare,
del tuo perdono che restituisce fiducia e speranza.
Sappiamo che sei un Dio giusto,
ma il cuore ci dice che la tua giustizia
non è altro che misericordia.

---ooo0ooo---

Indice

Printed by Books on Demand GmbH, Norderstedt / Germany